MARIA
passa na frente

Ir. Verônica Firmino, fsp

MARIA
passa na frente

NOVENA E TERÇO

Direção-geral: *Flávia Reginatto*
Editora responsável: *Andréia Schweitzer*
Copidesque: *Mônica Elaine G. S. da Costa*
Coordenação de revisão: *Marina Mendonça*
Revisão: *Equipe Paulinas*
Gerente de produção: *Felício Calegaro Neto*
Projeto gráfico: *Jéssica Diniz Souza*
Capa e diagramação: *Tiago Filu*

1ª edição – 2018
4ª reimpressão – 2022

Nenhuma parte desta obra poderá ser reproduzida ou transmitida por qualquer forma e/ou quaisquer meios (eletrônico ou mecânico, incluindo fotocópia e gravação) ou arquivada em qualquer sistema ou banco de dados sem permissão escrita da Editora. Direitos reservados.

Paulinas
Rua Dona Inácia Uchoa, 62
04110-020 – São Paulo – SP (Brasil)
Tel.: (11) 2125-3500
http://www.paulinas.com.br / editora@paulinas.com.br
Telemarketing e SAC: 0800-7010081

© Pia Sociedade Filhas de São Paulo – São Paulo, 2018

"Maria é a serva humilde do Pai, que transborda de alegria no louvor."

Papa Francisco

Maria passa na frente

Maria, passa na frente
e vai abrindo estradas e caminhos,
abrindo portas e portões,
abrindo casas e corações.
A mãe indo na frente,
os filhos estão protegidos
e seguem seus passos.
Ela leva todos os filhos
sob sua proteção.
Maria, passa na frente
e resolve aquilo
que somos incapazes de resolver.
Mãe, cuida de tudo
que não está ao nosso alcance.
Tu tens poderes para isso.
Vai, Mãe, vai acalmando, serenando
e amansando os corações.
Vai terminando com as dificuldades,
tristezas e tentações.
Vai tirando teus filhos das perdições.

Maria, passa na frente
e cuida de todos os detalhes,
cuida, ajuda e protege a todos teus filhos.
Maria, tu és a Mãe e também a porteira.
Vai abrindo o coração das pessoas
e as portas nos caminhos.
Maria, eu te peço, passa na frente
e vai conduzindo, levando, ajudando
e curando os filhos que precisam de ti.
Ninguém pode dizer
que foi decepcionado por ti,
depois de ter te chamado ou invocado.
Só tu, com o poder de teu Filho,
podes resolver as coisas difíceis e impossíveis.
Nossa Senhora, faço esta oração,
pedindo a tua proteção,
rezando um Pai-Nosso e três Ave-Marias.
Amém!

Introdução

A devoção a "Maria passa na frente", como tantas outras devoções marianas, é uma expressão da fé de quem acredita na intercessão de Maria junto a Jesus. É uma oração de confiança de quem depende e precisa da Mãe, e sabe que ela se antecipa e vai na frente, abrindo os caminhos e intercedendo por nós como fez nas Bodas de Caná. Ela não está acima de Jesus, é dele que ela recebe toda graça.

Com o seu "sim" ao Projeto de Deus para ser a Mãe de Jesus, Maria assumiu também ser a nossa mãe. "A partir do consentimento dado na fé por ocasião da Anunciação e mantido sem hesitação sob a cruz, a maternidade de Maria se estende aos irmãos e irmãs de seu Filho, 'que ainda são peregrinos e expostos aos perigos e às misérias'. Jesus, o único Mediador, é o Caminho de nossa oração; Maria, sua Mãe e nossa Mãe, é pura transparência dele. Maria 'mostra o Caminho'…" (CIC 2674).

Em sua Exortação Apostólica *Evangelii gaudium*, n. 286, o Papa Francisco nos diz: "Maria é aquela que sabe transformar um curral de animais na casa de Jesus, com uns pobres paninhos e uma montanha de ternura. Ela é a serva humilde do Pai, que transborda de alegria no louvor. É a amiga sempre solícita para que não falte o vinho na nossa vida. É aquela que tem o coração trespassado pela espada, que compreende todas as penas. Como Mãe de todos, é sinal de esperança para os povos que sofrem as dores do parto até que germine a justiça. Ela é a missionária que se aproxima de nós, para nos acompanhar ao longo da vida, abrindo os corações à fé com o seu afeto materno. Como uma verdadeira mãe, caminha conosco, luta conosco e aproxima-nos incessantemente do amor de Deus".

"Somos convidados a sermos como Maria, que sempre rezou desde o começo da Redenção, para a qual ela 'abriu caminho' com seu 'Eis aqui a serva do Senhor! Faça-se em mim segundo a tua Palavra', como depois na visita a Isabel, em Caná, no Calvário, no Cenáculo à espera do Espírito Santo, e em todo o resto de sua vida. Maria é nosso modelo de vida cristã: olhemos para nossa Mãe, sigamos os seus passos, sobre o caminho que ela caminhou, sobre a vida que ela teve; ela está conosco, nos convida a seguir seu Filho; ela nos apoia e nos acompanha, abrindo os caminhos para nós" (Pe. Tiago Alberione, fundador da Família Paulina).

Maria não apenas abre os caminhos, as portas e os corações, ela nos aponta o Caminho que é o seu Filho Jesus. Com Maria, chegaremos a Jesus!

Novena

1º DIA

Maria passa na frente da minha história

(a cura das emoções, mágoas e dores da alma)

Em nome do Pai e do Filho e do Espírito Santo. Amém.

"Aquele, porém, que beber da água que eu lhe der nunca mais terá sede, pois a água que eu lhe der tornar-se-á nele fonte de água jorrando para a vida eterna" (Jo 4,14).

Reflexão

Só Deus nos conhece profundamente e sabe o que trazemos no nosso coração. No diálogo com a mulher Samaritana, além de romper preconceitos, Jesus lhe traz a esperança de uma vida nova e lhe oferece a "água viva", o dom do Espírito Santo. Ela reconhece que Jesus é um profeta e vê sua vida transformada por aquele diálogo tão profundo, e vai dizer para os seus conterrâneos: "Vinde ver um homem que me disse tudo quanto fiz. Não será ele o Cristo?" (Jo 4,29).

O Papa Francisco, em sua homilia, explicou que, ao pedir água à Samaritana, Jesus queria "abrir-lhe o coração", "colocar em evidência a sede que havia nela". "A sede de Jesus não era tanto de água, mas de encontrar uma alma sequiosa. O simples pedido de Jesus é o início de um diálogo sincero, mediante o qual ele, com grande delicadeza, entra no mundo interior de uma pessoa à qual, segundo os esquemas sociais, não deveria nem mesmo dirigir uma palavra. Jesus se coloca no lugar dela, não a julgando, mas fazendo sentir-se considerada, reconhecida, e suscitando assim nela o desejo de ir além da rotina cotidiana" (Vaticano, 20/03/2014).

Jesus revela a misericórdia de Deus e só o encontro profundo com ele muda a nossa vida! Ele nos conhece profundamente, mas é preciso que lhe abramos o coração, mostrando-lhe as dores, os desgostos, os traumas, as feridas e os ressentimentos que ainda estão guardados dentro de nós e que nos fazem sofrer; só ele pode curar a nossa alma e nos libertar.

Intenção

Peçamos ao Senhor, pela intercessão de Maria, a graça de nos conhecermos mais e acolhermos a nossa própria história. Ela nos ajudará neste caminho interior de libertação, pois, somente livres das mágoas e dos ressentimentos, poderemos ouvir, meditar e pôr em prática a Palavra de Deus como ela fez. Rezemos também pelas pessoas que não conseguem libertar-se das mágoas e guardam rancores no coração e que vivem mergulhadas na escuridão, no sofrimento, na depressão.

Oração

Maria, passa na frente e resolve aquilo que sou incapaz de resolver! Só tu, com o poder de teu Filho, podes resolver as coisas difíceis e impossíveis. Dissolve com a tua ternura de Mãe as mágoas e as feridas do meu coração. Ensina-me a acolher o perdão de Deus, a perdoar e a amar como ele nos ama.

Texto bíblico: Sl 139(138); Jo 4,5-30.

Rezar a oração "Maria passa na frente".

1 Pai-Nosso, 3 Ave-Marias, 1 Glória.

2º DIA

Maria passa na frente da minha vida espiritual

(relação com Deus, vida cristã)

Em nome do Pai e do Filho e do Espírito Santo. Amém.

"Como a corça anseia por leitos de água, assim minha alma anseia por ti, ó Deus" (Sl 42,1).

Reflexão

Jesus sempre rezou e, antes de todos os momentos mais significativos de sua vida, se retirava em oração para falar com o Pai. Deixava-se conduzir pelo Espírito Santo e, por isso, suas ações eram todas libertadoras.

Assim como Jesus ora ao Pai e dá graças antes de receber seus dons, ele nos ensina essa audácia filial: "Tudo quanto suplicardes e pedirdes, crede que já recebestes" (Mc 11,24).

"Tudo é possível para quem crê" (Mc 9,23), com uma fé "que não hesita", tal é a força da oração (CIC 2610).

A oração de fé não consiste apenas em dizer "Senhor, Senhor", mas em levar o coração a fazer a vontade do Pai. Foi o que Maria fez. Ela era uma mulher de oração, que cultivava a sua intimidade com Deus, e, por isso, pôde dizer "sim" ao seu projeto. Rezava as orações do seu povo e meditava a Palavra e as manifestações de Deus em sua vida (*Magnificat*); esteve em oração no Cenáculo com os discípulos e, com certeza, rezou com José e Jesus em muitos momentos. Todo cristão é chamado a cultivar sua vida espiritual, sua relação pessoal com Deus, com a Santíssima Trindade. É importante reservar uns minutos do dia para aprofundarmos essa nossa relação, compreendermos o que Deus quer de nós, pedir as luzes do Espírito Santo, a fim de que ele nos guie em nossas ações, decisões e relações na família, no trabalho e em todos os lugares.

Intenção

Peçamos a Jesus que ele nos ensine a rezar, como ensinou aos seus discípulos. Que Maria nos ajude nesta caminhada de fé, para que a nossa oração seja sempre profunda e nos leve à prática do bem, da justiça e da solidariedade. Rezemos também pelas pessoas que não têm fé, que não acreditam em Deus e que perderam o sentido da vida.

Oração

Maria, passa na frente e resolve aquilo que sou incapaz de resolver! Só tu, com o poder de teu Filho, podes resolver as coisas difíceis e impossíveis. Ensina-me a orar como tu oravas a Deus, a ter maior intimidade com a Santíssima Trindade, a acolher os dons do Espírito Santo.

Texto bíblico: Mt 6,5-15; Sl 42(41).

Rezar a oração "Maria passa na frente".

1 Pai-Nosso, 3 Ave-Marias, 1 Glória.

3º DIA

Maria passa na frente da minha vida sentimental

(relacionamento entre esposos, noivos, namorados)

Em nome do Pai e do Filho e do Espírito Santo. Amém.

"O amor é tolerante, é benévolo o amor. Não é invejoso, não se ostenta, não se incha de orgulho" (1Cor 13,4).

Reflexão

Vivemos numa sociedade em que nada mais é para sempre; é a cultura do provisório, do aqui e agora. Esse modo de pensar adentrou nas relações entre namorados, noivos e esposos, e em outros campos da vida.

Neste contexto o Papa Francisco fez um discurso para os jovens noivos sobre a importância de construir uma relação duradoura fundada no amor. Falou "da necessidade de alicerçar a casa sobre a rocha do amor autêntico, do amor que provém de Deus, e não sobre a areia dos sentimentos que vão e voltam. Estar juntos e saber amar-se para sempre, eis no que consiste o desafio dos esposos cristãos. Neste caminho é importante, é sempre necessária a oração. Ele por ela, ela por ele, e ambos juntos. Pedi a Jesus que multiplique o vosso amor. Na oração do Pai-Nosso, nós dizemos: 'O pão nosso de cada dia nos dai hoje'. Os cônjuges podem aprender a rezar com estas palavras: 'Senhor, o amor nosso de cada dia nos dai hoje', porque o amor cotidiano dos esposos é o pão, o verdadeiro pão da alma, o pão que os sustenta a fim de que possam ir em frente. Esta é a prece dos namorados e dos esposos" (Papa Francisco aos noivos – Itália, 14/02/2014).

Intenção

Maria e José cresceram na fé, no amor, e confiaram suas vidas a Deus. Maria soube como ninguém cumprir a vontade do Senhor como mãe, esposa e discípula. Que ela nos ajude a crescermos no amor mútuo, na caridade, na esperança, na docilidade, no diálogo, no perdão e na paciência a cada dia. Rezemos pelos casais em conflito e por aqueles que não conseguem se reconciliar.

Oração

Maria, passa na frente e resolve aquilo que sou incapaz de resolver! Só tu, com o poder de teu Filho, podes resolver as coisas difíceis e impossíveis. Ensina-nos a construirmos a nossa casa sobre a rocha do amor e a sermos fiéis um ao outro, e ao amor de Deus.

Texto bíblico: Cl 3,12-17; 1Cor 13,1-13.

Rezar a oração "Maria passa na frente".

1 Pai-Nosso, 3 Ave-Marias, 1 Glória.

4º DIA

Maria passa na frente da minha família

(pais, mães, filhos, irmãos)

Em nome do Pai e do Filho e do Espírito Santo. Amém.

"Eu e minha família serviremos ao Senhor" (Js 24,15b).

Reflexão

"Querendo Deus restaurar as coisas em Jesus Cristo, quis iniciar sua obra, apresentando a todas as famílias um modelo e exemplo perfeito, na família de Nazaré. De fato, na Sagrada Família, os pais, as mães e os filhos encontram lições divinas de paciência, de castidade, de amor familiar, de laboriosidade, de religiosidade etc. Nela é que Jesus viveu, trabalhou, rezou durante muitos anos. Assim pela família é que começou a restauração" (Pe. Tiago Alberione).

Em uma de suas homilias, o Papa Francisco nos convida a restaurarmos os laços que nos unem em família, a superarmos a cultura da fragmentação e da desunião que nos faz sentir órfãos, frios, vazios e solitários. É a vida em família, o estar junto, o contato físico e não virtual que nos cura, nos traz de volta a ternura, a compaixão. Precisamos resgatar o ser e o sentir-se família: ser pai, mãe, filhos, netos, avós, amigos, e resgatar o valor de estarmos juntos. E resumindo a Exortação Apostólica "A Alegria do Amor", no parágrafo 325, o Papa escreve: "Nenhuma família é uma realidade perfeita e confeccionada de uma vez para sempre, mas requer um progressivo amadurecimento da sua capacidade de amar. [...]. Avancemos, famílias; continuemos a caminhar! [...]. Não percamos a esperança por causa dos nossos limites, mas também não renunciemos a procurar a plenitude de amor e comunhão que nos foi prometida".

Intenção

Que a Sagrada Família de Nazaré nos ensine a crescermos no amor e no perdão e a sermos mais Família de Deus. Rezemos por todas as famílias, principalmente às que passam por dificuldades, que vivem em conflito ou em meio à violência. Que elas encontrem força e luz para superar seus problemas.

Oração

Maria, passa na frente e resolve aquilo que sou incapaz de resolver! Só tu, com o poder de teu Filho, podes resolver as coisas difíceis e impossíveis. Ensina-nos a vivermos o amor, o respeito, o diálogo, a fidelidade, o perdão em nossa família, e a defendermos os verdadeiros valores da Família Cristã neste mundo.

Texto bíblico: Sl 128(127); 1Cor 13; Cl 3,18-25.

Rezar a oração "Maria passa na frente".

1 Pai-Nosso, 3 Ave-Marias, 1 Glória.

5º DIA

Maria passa na frente da minha saúde

(pedir a cura das doenças)

Em nome do Pai e do Filho e do Espírito Santo. Amém.

"Ele curou muitos que estavam mal de diversas enfermidades e expulsou muitos demônios" (Mc 1,34).

Reflexão

A saúde é um bem precioso e precisamos cuidar dela, pois o nosso corpo é templo do Espírito Santo. Assim como precisamos cuidar do corpo com alimentação saudável e a prática de atividade física, também precisamos cuidar da nossa mente, do nosso espírito, alimentando-os com a oração, com bons sentimentos e boas leituras.

Jesus encontrou muitas pessoas doentes no espírito, porque cheias de orgulho (cf. Jo 8,31-39) e doentes no corpo (cf. Jo 5,6). A todas concedeu misericórdia e perdão, e aos doentes, também a cura física, sinal da vida abundante do Reino, onde se enxugam todas as lágrimas. Como Maria, os discípulos são chamados a cuidar uns dos outros; mas não só: eles sabem que o Coração de Jesus está aberto a todos, sem exclusão. A todos deve ser anunciado o Evangelho do Reino, e a caridade dos cristãos deve estender-se a todos quantos passam necessidade, simplesmente porque são pessoas, filhos de Deus. Jesus deixou, como dom à Igreja, o seu poder de curar: "Estes sinais acompanharão aqueles que acreditarem: [...] hão de impor as mãos aos doentes e eles ficarão curados" (Mc 16,17.18) (Mensagem do Papa Francisco para o XXVI Dia Mundial do Doente, 11/12/2017).

Intenção

Rezemos pelos doentes de nossa família, amigos, e por todos aqueles que padecem de enfermidades sem condições de ter um tratamento adequado, sem medicação e sem cuidados para aliviar as suas dores, e muitos deles sem uma palavra confortadora de fé. Lembremos também os médicos, enfermeiros e profissionais da saúde que se dedicam para aliviar o sofrimento dos doentes.

Oração

Maria, passa na frente e resolve aquilo que sou incapaz de resolver! Só tu, com o poder de teu Filho, podes resolver as coisas difíceis e impossíveis. Dá--nos a coragem e a graça de superarmos com amor e paciência as doenças e adversidades da vida, e que em todos os momentos tenhamos fé, mesmo se a dor e a escuridão vierem em nossa vida.

Texto bíblico: Mc 1,32-34; Tg 5,13-15; Sl 41(40).

Rezar a oração "Maria passa na frente".

1 Pai-Nosso, 3 Ave-Marias, 1 Glória.

6º DIA

Maria passa na frente das questões profissionais

(trabalho e vida financeira)

Em nome do Pai e do Filho e do Espírito Santo. Amém.

"Se o Senhor não construir a casa, em vão seus construtores se afadigarão com ela" (Sl 127,1).

Reflexão

O trabalho é um direito de todos. Mas, infelizmente, temos milhões de pessoas desempregadas em nosso país e em tantos outros países do mundo, e, por isso, privados de dignidade e passando necessidades.

O Catecismo da Igreja Católica, n. 2428, diz: "O valor primordial do trabalho está ligado ao próprio homem, que é seu autor e destinatário.

O trabalho é para o homem e não o homem para o trabalho. Cada um deve poder tirar do trabalho os meios para sustentar-se, a si e aos seus, bem como para prestar serviço à comunidade". E também o n. 2433 diz: "o acesso ao trabalho e à profissão deve estar aberto a todos, sem descriminação injusta: homens e mulheres, normais e excepcionais ou deficientes, autóctones e migrantes".

"Somos chamados ao trabalho desde a nossa criação. Não se deve procurar que o progresso tecnológico substitua cada vez mais o trabalho humano: procedendo assim, a humanidade prejudicaria a si mesma. O trabalho é uma necessidade, faz parte do sentido da vida nesta terra, é caminho de maturação, desenvolvimento humano e realização pessoal. Neste sentido, ajudar os pobres com o dinheiro deve ser sempre um remédio provisório para enfrentar emergências. O verdadeiro objetivo deveria ser sempre consentir-lhes uma vida digna através do trabalho" (Papa Francisco, *Laudato Si'*, n. 128).

Intenção

Que a nossa presença cristã no mundo do trabalho transforme as relações de poder, ganância, e testemunhe a partilha, o perdão, a justiça e a solidariedade. Que o nosso país desenvolva políticas públicas que favoreçam o crescimento econômico de todos, e que os trabalhadores tenham um salário justo e seus direitos sejam respeitados.

Oração

Maria, passa na frente e resolve aquilo que sou incapaz de resolver! Só tu, com o poder de teu Filho, podes resolver as coisas difíceis e impossíveis. Maria, intercede pelos desempregados e por aqueles que estão vivendo situações difíceis por não terem como sustentar e alimentar suas famílias e pagar suas dívidas. Que todas as pessoas tenham a oportunidade de contribuir com o seu trabalho para a construção de um mundo melhor.

Texto bíblico: Sl 127(126); 2Ts 3,6-15.

Rezar a oração "Maria passa na frente".

1 Pai-Nosso, 3 Ave-Marias, 1 Glória.

7º DIA

Maria passa na frente dos governantes do nosso país

(rezar pelo bem comum)

Em nome do Pai e do Filho e do Espírito Santo. Amém.

"Exorto-vos, então, antes de tudo, que se façam preces, orações, intercessões e ações de graças em favor de todos, pelos reis e por todos os que ocupam posição superior…" (1Tm 2,1).

Reflexão

Assim diz o texto dos Provérbios 29,2: "Quando os justos governam, alegra-se o povo; mas quando o ímpio domina, o povo chora". Em meio a tanta corrupção e transgressões na política do nosso país, somos convidados a rezar por todos os nossos governantes.

Refletindo sobre a primeira Carta de São Paulo a Timóteo (2,1-8), em que Paulo convida o povo a rezar pelos que governam, o Papa Francisco lembra-nos da necessidade de rezarmos e suplicarmos por todos os governantes: "recomendou Paulo, '[...] nós não temos uma consciência forte disto: quando um governante faz algo do qual não gostamos, falamos mal dele; se faz algo que apreciamos: Ah, que bom! Mas deixamo-lo sozinho, deixamo-lo com o seu partido, que se arranje com o Parlamento, mas sozinho'". E talvez haja quem se safe, dizendo: "Votei nele" ou "Não votei nele, faça a sua parte". Ao contrário, insistiu Francisco, "não podemos deixar os governantes sozinhos: devemos acompanhá-los com a oração. Os cristãos devem rezar pelos governantes". E neste caso alguém poderia contestar: "Padre, como posso rezar por ele que faz muitas coisas más?" Precisamente neste momento "tem ainda mais necessidade: reza, faz penitência pelo governante!" "Devemos crescer nesta consciência de rezar pelos governantes", reafirmou o Papa (*Rezar pelos governantes*, 18/07/2017).

Intenção

Rezemos pelos políticos e pelos que governam o nosso país: vereadores, prefeitos, deputados, senadores, governadores e presidente, para que suas decisões sejam pautadas no direito e na justiça, na verdade e na defesa dos direitos do povo, e para que promovam políticas públicas de igualdade e justiça social.

Oração

Maria, passa na frente e resolve aquilo que sou incapaz de resolver! Só tu, com o poder de teu Filho, podes resolver as coisas difíceis e impossíveis. Maria, intercede pelos nossos governantes, para que se convertam e trabalhem pelo bem comum de todos os cidadãos e pelo desenvolvimento humano, cultural, econômico e social do nosso país.

Texto bíblico: 1Tm 2,1-8; Sl 112(111).

Rezar a oração "Maria passa na frente".

1 Pai-Nosso, 3 Ave-Marias, 1 Glória.

8º DIA

Maria passa na frente das minhas necessidades particulares

(diante das forças do mal, nos momentos de provações e sofrimento)

Em nome do Pai e do Filho e do Espírito Santo. Amém.

"O Senhor é minha luz e minha salvação; a quem temerei? O Senhor é a fortaleza de minha vida; com quem me assustarei?" (Sl 27,1).

Reflexão

"Livrai-nos do mal" é o último pedido que fazemos na oração do Pai-Nosso. Este pedido também está na oração de Jesus ao Pai em João 17,15: "Não te peço que os tire do mundo, mas que os guardes do maligno". O Catecismo da Igreja Católica afirma que "neste pedido, o Mal não é uma abstração, mas designa uma pessoa, Satanás, o Maligno, o anjo que se opõe a Deus" (CIC 2851). Mas "a vitória sobre o príncipe deste mundo foi alcançada, de uma vez por todas, na hora que Jesus se entregou livremente à morte para nos dar sua vida. E sendo 'lançado fora', o príncipe deste mundo se põe a perseguir a mulher, mas não tem poder sobre ela: a nova Eva, 'cheia de graça' por obra do Espírito Santo, é preservada do pecado e da corrupção da morte" (CIC 2853).

"O Dragão ficou irado contra a mulher e saiu para fazer guerra contra o restante de sua descendência..." (Ap 12,17). Refletindo sobre este texto do Apocalipse, o Papa Francisco diz: "Assim é a Igreja: se no Céu já está associada com a glória de seu Senhor, na história enfrenta constantemente as provações e os desafios que supõe o conflito entre Deus e o maligno, o inimigo de todos os tempos. E todos nós, discípulos de Jesus, devemos enfrentar esta luta. Maria não nos deixa sozinhos; a Mãe de Cristo e da Igreja está sempre conosco. A oração com Maria, especialmente o terço, também tem essa dimensão 'agonística', ou seja, de luta, uma oração que dá apoio na luta contra o maligno e seus aliados" (Homilia, 15/08/2013).

Intenção

Que Maria nos acompanhe e nos sustente na luta e no combate contra todas as forças do mal.

Oração

Maria, passa na frente e resolve aquilo que sou incapaz de resolver! Só tu, com o poder de teu Filho, podes resolver as coisas difíceis e impossíveis. Maria, abre os caminhos para vencermos as forças do mal, das tentações e ambições que encontramos na nossa vida...

Texto bíblico: Sl 27(26); 121(120); Mt 8,16-17.

Rezar a oração "Maria passa na frente".

1 Pai-Nosso, 3 Ave-Marias, 1 Glória.

9º DIA

Maria passa na frente na hora de minha morte

(quando eu for chamado por Deus)

Em nome do Pai e do Filho e do Espírito Santo. Amém.

"Quando ando por um vale escuro, não temo mal algum, porque tu estás comigo" (Sl 23,4).

Reflexão

Se pararmos para pensar quantas vezes já rezamos a oração da Ave-Maria, com certeza não teremos uma resposta. O certo é que nesta oração pedimos a intercessão de Maria em nossa vida: "Rogai por nós, pecadores, agora (hoje) e na hora de nossa morte (para o futuro que não sabemos quando será)". Sim, somos convidados a pensar no nosso dia "final".

Refletindo o Evangelho de Lc 17,26-37, que fala sobre "o fim do mundo", o Papa Francisco disse: "A Igreja, que é mãe, quer que cada um de nós pense em sua própria morte. Todos estamos acostumados à normalidade da vida: horários, compromissos, trabalho, momentos de descanso... e pensamos que será sempre assim. Mas um dia, Jesus chamará e nos dirá: 'Vem!' Para alguns, este chamado será repentino, para outros, virá depois de uma longa doença; não sabemos. Por isso, há necessidade de pararmos um pouco para pensar, pois esta vida que vivemos não é eterna." "Pensar na morte não é uma fantasia ruim, é uma realidade. Se é feia ou não feia, depende de mim, como eu a penso, mas que ela chegará, chegará. E ali será o encontro com o Senhor, esta será a beleza da morte, será o encontro com o Senhor, será ele a vir ao seu encontro, será ele a dizer: 'Vem, vem, abençoado do meu Pai, vem comigo'" (Homilia, 17/11/2017).

Intenção

"Maria é modelo de virtude e fé. Ao contemplá-la elevada ao Céu, ao cumprimento final do seu itinerário terreno, demos-lhe graças porque sempre nos precede na peregrinação da vida e da fé – é a primeira discípula. E peçamos-lhe que nos guarde e nos apoie; que possamos ter uma fé firme, jubilosa e misericordiosa; que nos ajude a ser santos, para nos encontrar com ela, um dia, no Paraíso" (Papa Francisco, Homilia, 15/08/2017).

Oração

Maria, passa na frente e resolve aquilo que sou incapaz de resolver! Só tu, com o poder de teu Filho, podes resolver as coisas difíceis e impossíveis. Maria, minha mãe, acompanha-me, permanece ao meu lado quando chegar a minha hora; que eu esteja preparado quando Deus me chamar. Roga, Maria, por aqueles que falecem na solidão, sem a presença dos parentes ou amigos. Que eles sintam a tua presença terna de Mãe e a misericórdia de Deus.

Texto bíblico: Sl 23(22); Jo 11,25-27.

Rezar a oração "Maria passa na frente".

1 Pai-Nosso, 3 Ave-Marias, 1 Glória.

Terço

Oração inicial

Em nome do Pai, e do Filho, e do Espírito Santo. Amém!

Rezar o Creio, 1 Pai-Nosso, 3 Ave-Marias e 1 Glória.

1º Mistério: O "sim" de Maria a Deus e a sua prontidão em ajudar sua prima Isabel

Texto bíblico: Lc 1,26-56 (leitura e meditação do texto bíblico).

Reflexão: O Anjo Gabriel foi enviado por Deus para anunciar a Maria que ela seria a Mãe do Salvador. Mesmo não compreendendo tudo, Maria aceita e diz "sim"; entregando-se de coração e com plena confiança, aceita ser a serva do Senhor. Sabendo pelo Anjo que sua prima Isabel, já de idade avançada, estava grávida, ela "passa na frente" e põe-se a caminho, não apenas para ajudar a prima nos afazeres da casa, mas, sobretudo, para levar a grande notícia, o próprio Jesus gerado em seu seio por obra do Espírito Santo.

Que Maria nos ensine a dizermos "sim" ao Projeto de Deus e a pôr em prática a sua Palavra com fé, esperança e caridade.

Rezar 1 Pai-Nosso (na conta grande).

Rezar 10 vezes (nas contas pequenas):

Maria, passa na frente e resolve aquilo que sou incapaz de resolver! Só tu, com o poder de teu Filho, podes resolver as coisas difíceis e impossíveis.

(Aqui você coloca a intenção ou situação da qual necessita ou quer rezar.)

Rezar 1 Glória.

2º Mistério: A perda e o encontro do Menino Jesus

Texto bíblico: Lc 2,41-52 (leitura e meditação do texto bíblico).

Reflexão: Conforme o costume, Jesus aos 12 anos é levado por seus pais a Jerusalém. Contudo, ele não regressou junto com a caravana. Por isso, José e Maria retornaram para procurá-lo. Depois de três dias, eles o encontram no Templo em meio aos mestres, e Maria perguntou a Jesus: "Filho, por que agiste assim conosco? Teu pai e eu te procurávamos angustiadamente!". Mesmo não compreendendo a resposta de Jesus, Maria silencia, entrega a aflição a Deus e segue "guardando e meditando tudo em seu coração" (Lc 2,51). Maria é a discípula que nos ensina a ouvir, meditar, pôr em prática a Palavra de Deus e a buscar com fé o sentido dos acontecimentos do nosso dia a dia.

Que Maria nos ensine a compreendermos os mistérios mais profundos de Deus e a confiar em sua Palavra. Quando tudo parecer perdido, invoquemos Maria que ela nos ajudará...

Rezar 1 Pai-Nosso (na conta grande).

Rezar 10 vezes (nas contas pequenas):

Maria, passa na frente e resolve aquilo que sou incapaz de resolver! Só tu, com o poder de teu Filho, podes resolver as coisas difíceis e impossíveis.

(Aqui você coloca a intenção ou situação da qual necessita ou quer rezar.)

Rezar 1 Glória.

3º Mistério: A festa de casamento em Caná da Galileia

Texto bíblico: Jo 2,1-12 (leitura e meditação do texto bíblico).

Reflexão: Houve uma festa de casamento, e Maria estava lá. Também Jesus e seus discípulos foram convidados. Durante a festa, Maria percebeu que faltava vinho. Ela se antecipa, passa na frente, e vai interceder junto ao seu filho por aquela família: "Eles não têm mais vinho". Jesus lhe responde como se não se importasse com a situação, mas Maria confia e vai dizer aos servidores: "Fazei o que ele (Jesus) vos disser". E o resultado da intercessão da Mãe, nós já conhecemos: vinho bom e em abundância.

Que Maria nos ajude a percebermos as necessidades dos outros e a confiar no seu Filho Jesus, fazendo tudo o que ele nos diz. Desta forma, nunca faltará o vinho bom em nossa vida.

Rezar 1 Pai-Nosso (na conta grande).

Rezar 10 vezes (nas contas pequenas):

Maria, passa na frente e resolve aquilo que sou incapaz de resolver! Só tu, com o poder de teu Filho, podes resolver as coisas difíceis e impossíveis.

(Aqui você coloca a intenção ou situação da qual necessita ou quer rezar.)

Rezar 1 Glória.

4º Mistério: Ao pé da cruz, Maria permanece de pé

Texto bíblico: Jo 19,25-30 (leitura e meditação do texto bíblico).

Reflexão: Maria acolheu Jesus, desde o início da Redenção, na Anunciação! Já no nascimento ela apresenta seu Filho aos pastores, aos magos e no Templo! Ela o acompanha desde o início da sua vida pública até o Calvário. E lá, apesar da dor e do imenso sofrimento, permanece de pé, fiel até o fim. E foi neste momento de dor maior, na cruz, que Jesus, além de se entregar totalmente a nós por amor, nos entregou também a sua Mãe: "Mulher, eis aí teu filho". Depois disse ao discípulo: "Eis tua Mãe!". E nós, como aquele discípulo, a acolhemos como nossa Mãe!

Melhor do que ninguém, Maria compreende o sofrimento, a angústia não só das mães, mas de todos aqueles que padecem com a perda de uma pessoa amada, de um ente querido. Ela é Mãe, é a nossa Mãe. Que ela nos ajude a superarmos a dor e o sofrimento com confiança e fidelidade.

Rezar 1 Pai-Nosso (na conta grande).
Rezar 10 vezes (nas contas pequenas):

Maria, passa na frente e resolve aquilo que sou incapaz de resolver! Só tu, com o poder de teu Filho, podes resolver as coisas difíceis e impossíveis.

(Aqui você coloca a intenção ou situação da qual necessita ou quer rezar.)

Rezar 1 Glória.

5º Mistério: Maria permanece em oração com a comunidade e os discípulos, invocando o Espírito Santo

Texto bíblico: At 1,13.2,1-4 (leitura e meditação do texto bíblico).

Reflexão: Os textos dos Atos dos Apóstolos narram que "todos eram unidos na oração, com algumas mulheres, a Mãe de Jesus...". Depois da Ressurreição de Jesus, Maria permanece com seus discípulos, aguardando na fé e com esperança a vinda do Espírito Santo, intercedendo pela Igreja que estava nascendo, pelos que acreditavam em seu Filho e por todos aqueles que, com o seu testemunho e o anúncio dos discípulos, acreditariam no Cristo Ressuscitado! Maria se tornara morada do Espírito Santo desde a Anunciação, e agora o recebe novamente com a comunidade. Ela foi moldada por este mesmo

Espírito e, por isso, se fez presente em todos os momentos da vida de Jesus, e cantou e testemunhou com a sua vida a Misericórdia de Deus, sendo uma mulher humilde, justa e solidária, que se preocupava com o bem dos outros.

Que Maria nos ajude a termos coragem de testemunhar e anunciar o Evangelho de Jesus com a nossa vida em todos os lugares e situações!

Rezar 1 Pai-Nosso (na conta grande).

Rezar 10 vezes (nas contas pequenas):

Maria, passa na frente e resolve aquilo que sou incapaz de resolver! Só tu, com o poder de teu Filho, podes resolver as coisas difíceis e impossíveis.

(Aqui você coloca a intenção ou situação da qual necessita ou quer rezar.)

Rezar 1 Glória.

Oração final

Rezar 1 Salve-Rainha e a Oração "Maria passa na frente".

Rua Dona Inácia Uchoa, 62
04110-020 – São Paulo – SP (Brasil)
Tel.: (11) 2125-3500
http.//www.paulinas.com.br – editora@paulinas.com.br
Telemarketing e SAC: 0800-7010081